MEWUJUDKAN MURID MURID RADIKAL

MANUAL PESERTA

Mewujudkan Murid Murid Radikal

Manual untuk memudahkan murid dalam kumpulan kecil, gereja rumah, dan perjalanan misi jangka pendek, yang membawa kepada pergerakan gereja-penanaman.

Oleh Daniel B. Lancaster, Ph.D.

Diterbitkan oleh: T4T Akhbar

Cetakan pertama, 2011

Data Pengkatalogan-dalam-Penerbitan Perpustakaan Kongres

Lancaster, Daniel B.

Membuat Radikal Murid-murid: manual untuk memudahkan murid-membuat dalam kumpulan kecil, gereja-gereja rumah, dan perjalanan misi jangka pendek, yang membawa kepada pergerakan gereja-penanaman / Daniel B. Lancaster..

Includes.

ISBN 978-1-938920-23-3

Data Pengkatalogan-dalam-Penerbitan Perpustakaan Kongres

Lancaster, Daniel B.

Membuat Radikal Murid-murid: manual untuk memudahkan murid-membuat dalam kumpulan kecil, gereja-gereja rumah, dan perjalanan misi jangka pendek, yang membawa kepada pergerakan gereja-penanaman / Daniel B. Lancaster..

Kandungan

Latihan

Rujukan

1

Alu-Aluan

Dialukan membuka sesi latihan atau seminar dengan memperkenalkan tenaga pengajar dan pelajar. Jurulatih memperkenalkan pelajar kepada lapan gambar Jesus seperti berikut: Askar, Seeker, Pengembala, penabur, Anak, Suci, Hamba, dan Steward dengan sepadan gerakan tangan. Kerana orang belajar dengan mendengar, melihat, dan melakukan, Ikuti Latihan Isa menggabungkan setiap ini gaya pembelajaran dalam setiap sesi.

Alkitab mengatakan Roh Kudus adalah guru kita; pelajar digalakkan untuk bergantung kepada Roh di sepanjang latihan. Sesi berakhir dengan membuka "kedai teh" untuk menyediakan suasana yang lebih tenang di kalangan tenaga pengajar dan pelajar, jenis menetapkan murid-murid yang dinikmati dengan Jesus.

KATA PUJIAN

PERMULAAN

Perkenalan Jurulatih

Perkenalan Pelajar

Perkenalan Isa

LAPAN GAMBAR ISA DALAM BIBLE

🖐 Askar

Meningkatkan pedang.

🖐 Pencari

Melihat ke depan dan ke belakang dengan tangan di atas mata.

🖐 Pengembala

Bergerak tangan ke arah badan anda seolah-olah anda sedang mengumpul orang.

🖐 Penabur

Membuang benih dengan tangan.

🖐 Anak

Bergerak tangan ke arah mulut seolah-olah anda sedang makan.

🖐 Suci

> Meletakkan tangan klasik "tangan berdoa" menimbulkan.

🖐 Hamba

> Menggunaan tukul.

🖐 Steward

> Mengambil wang dari poket baju atau beg tangan.

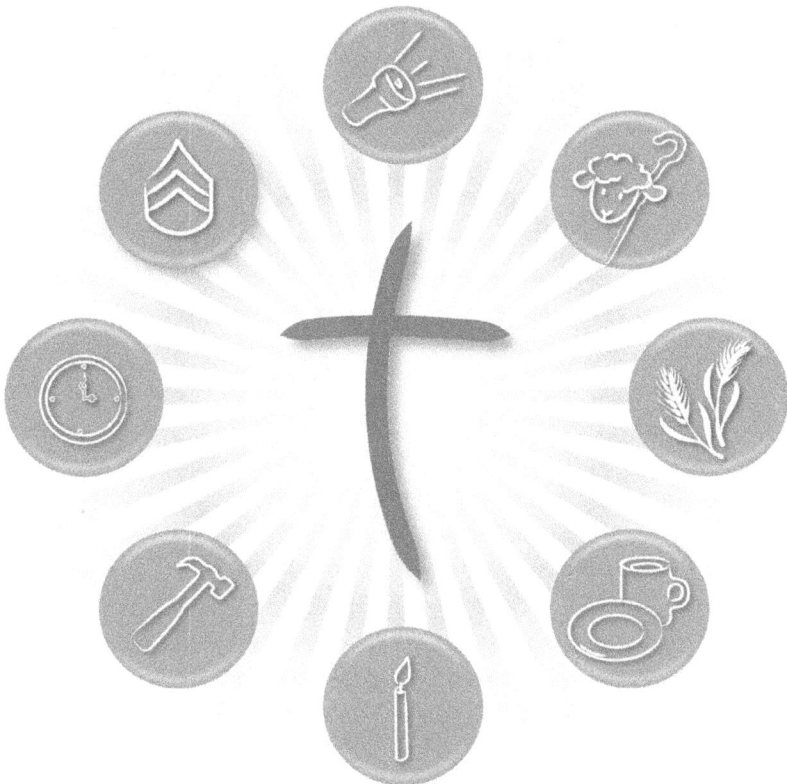

PENGAKHIRAN

Kedai Teh Adalah Terbuka! ⚘

— Lukas 07:31-35 - Isa seterusnya berkata: Apakah kamu orang-orang seperti? Apa yang seumpamanya daripada orang? Anda adalah seperti kanak-kanak yang duduk di pasaran dan menjerit antara satu sama lain, "Kami bermain seruling itu, tetapi anda tidak akan menari! Kami menyanyikan lagu pengebumian, tetapi anda tidak akan menangis! "John Pembaptis tidak perlu pergi mengelilingi makan dan minum, dan anda berkata," John mempunyai setan dalam dirinya! "Tetapi kerana Anak Manusia juga sekitar makan dan minum, anda berkata, "Isa makan dan minum terlalu banyak!Walaupun dia adalah kawan pemungut cukai dan orang-orang berdosa.

2

Pendaraban

Darab memperkenalkan Isa Pramugara: steward mahu pulangan yang baik pada masa dan harta mereka, dan mereka berhasrat untuk hidup dengan integriti. Pelajar mendapat visi untuk keberhasilan dengan meneroka: 1)perintah pertama Tuhan kepada manusia, 2) arahan terakhir Yesus kepada manusia, 3) Prinsip 222, dan 4) perbezaan di antara Laut Galilea dan Laut Mati.

Pelajaran berakhir dengan senda-gurau yang aktif dan pembelajaran yang menunjukkan perbezaan di dalam "hasil", atau buah-buahan, antara lain latihan dan semata-matamengajar mereka. Pelajar dicabar untuk melatih mereka bagaimana untuk memuji,berdoa, belajar perkataan Tuhan, dan menteri kepada orang lain. Dengan pelaburan inikhazanah masa, dan integriti, pelajar akan dapat untuk memberi Isa hadiah yangmenakjubkan apabila mereka melihat-Nya di syurga.

PUJIAN

SEMBAHYANG

BELAJAR

-mengkaji

Adakah Lapan Gambar Itu Bantuan kami Ikut Isa?

Kehidupan rohani kita Adakah seperti belon ෴

Apa Isa Seperti?

> — *Matius 06:20-21 - Tetapi simpan untuk diri kamu sendiri perbendaharaan di syurga, di mana rama-rama dan karat tidak berbuat kemusnahan, dan di mana pencuri tidak memecahkan dalam dan mencuri. Untuk di mana khazanah anda, jantung anda akan juga. "Isa ialah Pramugara. Beliau bercakap tentang wang, harta benda, dan keutamaan kami lebih daripada sebarang topik lain. Sebagai peneraju pramugara*

🖐 Bayangkan untuk mengambil wang dari poket baju atau beg tangan.

Apakah tiga perkara seorang perkara tidak lakukan?

— Matius 25:14-28 - Kerana ia adalah sama seperti seorang lelaki di dalam perjalanan. Dia memanggil hamba sendiri dan diserahkan harta benda itu kepada mereka. Kepada satu, dia memberikan lapan bakat; lain, dua; dan kepada yang lain, satu-satu samamengikut kemampuan sendiri. Kemudian dia pergi dalam perjalanan. Dengan serta-merta lelaki yang telah menerima 5 bakat pergi, meletakkan mereka untuk bekerja, dan memperoleh lima lagi. Dengan cara yang sama, lelaki dengan dua yang diperolehi dua lagi. Tetapi lelaki yang telah menerima 1 bakat pergi, menggali lubang di dalam tanah, dan menyembunyikan wang tuannya. Selepas masa yang panjang tuan hamba mereka datang dan menetap akaun dengan mereka. Lelaki yang telah menerima 5 bakat mendekati, menyampaikan lima lagi bakat, dan berkata, "Tuan, anda memberikan saya 5 bakat. Lihat, saya telah memperoleh lima lagi bakat. "Kata tuannya itu kepadanya," Syabas, hamba yang baik dan setia! Anda adalah setia dalam perkara kecil, saya akan meletakkan anda dalam menjaga banyak perkara. Masukkan kegembiraan induk anda!" Kemudian lelaki dengan dua bakat juga didekati. Dia berkata, "Tuan, anda memberi saya dua jumlah. Melihat, saya telah memperoleh dua lagi bakat. "Kata tuannya itu kepadanya," Syabas, hamba yang baik dan setia! Anda adalah setia dalam perkara kecil, saya akan meletakkan anda dalam menjaga banyak perkara. Masukkan kegembiraan induk anda! "

Kemudian lelaki yang telah menerima satu bakat juga mendekati dan berkata, "Tuan, saya tahu anda. Anda seorang lelaki yang sukar, menuai di mana anda tidak disemaidan mengumpul di mana anda tidak berselerak benih. Jadi saya takut dan pergi dan menyembunyikan bakat anda di dalam tanah. Lihat, anda mempunyai apa yang kamu. "Tetapi tuannya menjawab kepadanya," Kamu jahat, hamba malas!

Jika anda tahubahawa saya menuai di mana saya telah tidak disemai dan mengumpul di mana saya telah tidak bertaburan, maka anda harus menyimpan wang saya dengan pihak bank. Dan apabila saya kembali, saya akan menerima kembali wang saya dengan penuh minat. Oleh itu, ambillah bakat dari dia dan memberikannya kepada seseorang yang mempunyai 10 bakat. "(HCSB)

1. _____

2. _____

3. _____

Apakah Perintah Tuhan kepada Manusia?

– Kejadian 1:28 - Allah memberkati mereka dan Allah berkata kepada mereka," Beranak cuculah dan berganda, dan mengisi bumi, dan menundukkan; dan peraturan di atas ikan laut dan melalui burung-burung di langit dan lebih segala sesuatu yang hidupyang bergerak di bumi. "(NASB)

_____

Apakah Was Perintah Terakhir Yesus kepada Manusia?

- Mark 16:15 - Dia berkata kepada mereka, "Pergilah ke seluruh dunia danmenyebarkan berita yang baik kepada segala makhluk."

_____

Bagaimana Saya Boleh Menjadi menguntungkan Darab?

— 2 Timothy 2:02 - perkara-perkara yang anda telah mendengar daripada saya di hadapan saksi-saksi yang banyak mengamanahkan ini untuk lelaki setia yang akan dapat untuk mengajar orang lain juga. (NASB)

Sea of Galilee / Laut Mati ℭ

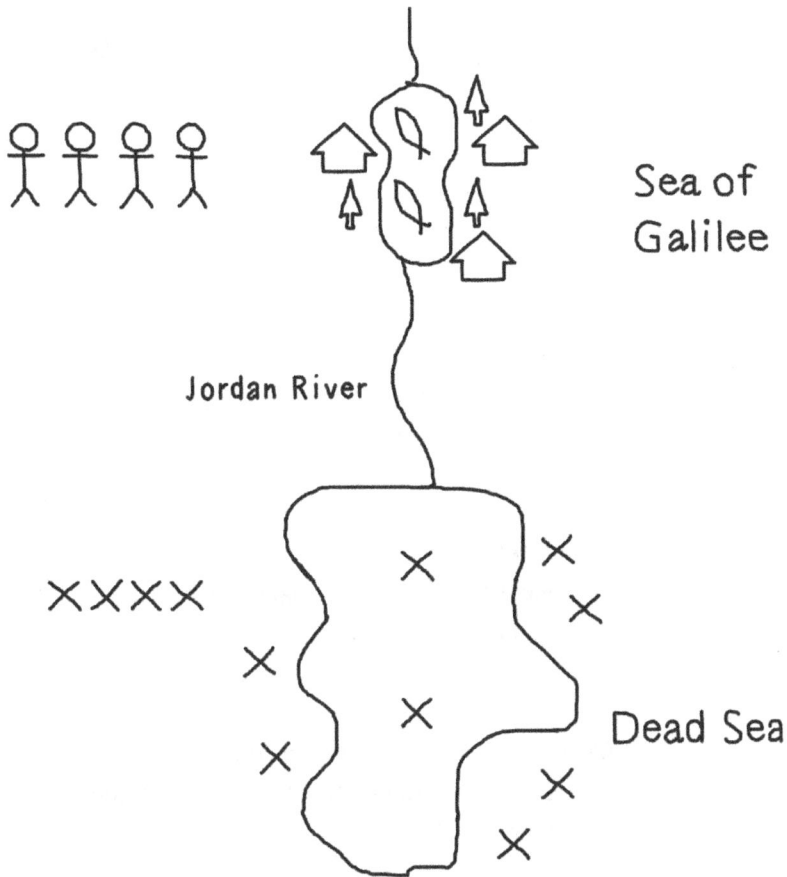

Sea of Galilee

Jordan River

Dead Sea

Ayat memori

— John 15:08 - Ini adalah untuk kemuliaan, Bapa-Ku supaya kamu berbuah banyak,menunjukkan kamu menjadi murid-murid saya.

AMALAN

"Orang yang bongsu pasangan akan menjadi pemimpin."

BERAKHIR

Hadiah untuk Jesus ❧

✋ Puji
   Mengangkat tangan puji kepada Allah.

✋ Berdoalah
   Meletakkan tangan di dalam solat klasik menimbulkan.

✋ Belajar Alkitab
   Meletakkan tapak tangan ke atas seolah-olah anda membaca buku.

✋ Beritahu orang lain tentang Yesus
   Letakkan tangan seolah-olah anda sedang merebak benih.

3

Cinta

Cinta Perkenal Isa sebagai Gembala: gembala plumbum, melindungi, dan memberi makan kambing biri-biri mereka. Kami "suapan" orang-orang apabila kita mengajar mereka dari Firman Tuhan, tetapi apa yang harus menjadi perkara pertama yang kita mengajar orang tentang Tuhan? Pelajar meneroka arahan yang paling penting, mengenal pasti yang sumber cinta, dan mengetahui bagaimana untuk menyembah berdasarkan hukum yang paling penting.

Amalan pelajar mengetuai kumpulan pengikut yang mudah dengan empat unsur utama:pujian (kasih sayang Allah dengan hati seluruh), solat (mengasihi Tuhan dengan segalajiwa), kajian Alkitab (kasih sayang Tuhan dengan minda), dan mengamalkan kemahiran(jadi kita dapat mengasihi tuhandengan segala kekuatan kita). Satu mengguraukan muktamad, "domba dan Harimau," menunjukkan keperluan untuk kumpulan pengikut yang ramai di kalangan orang-orang yang beriman.

PUJIAN

SEMBAHYANG

1. Bagaimana kita boleh berdoa untuk orang yang hilang anda tahu diselamatkan?
2. Bagaimana kita boleh berdoa untuk kumpulan anda melatih?

BELAJAR

Mengkaji

Adakah Lapan gambar Itu Bantuan kami Ikut Isa?

Darab

Apakah tiga perkara pramugara lakukan?

Apakah perintah pertama tuhan kepada manusia?

Apakah perintah terakhir Yesus kepada manusia?

Bagaimana saya boleh menjadi berbuah dan berganda?

Apakah nama-nama dua laut yang terletak di Israel?

Mengapa mereka begitu berbeza?

Mana satu yang anda mahu menjadi seperti?

Apa Isa Seperti?

— Mark 6:34 - Apabila Isa pergi ke pantai, Dia melihat ramai, dan Dia merasakanperasaan belas kasihan terhadap mereka

*kerana mereka adalah seperti kambing biri-biri tanpa gembala;
dan Dia mula mengajar mereka banyak perkara. (NASB)*

✋ Pengembara
Bergerak tangan ke arah badan anda seolah-
olah anda sedang mengumpul orang.

Apakah adalah Tiga Perkara seorang gembala tidak?

*— Mazmur 23:01-6 - TUHAN adalah gembala saya, saya
tidak akan mahu. Diamembuatkan saya berbaring di padang
rumput hijau; Dia membawa saya di sebelahperairan yang
tenang. Beliau mengembalikan jiwaku; Dia memberi petunjuk
kepadasaya dalam laluan soleh Demi Namanya.Walaupun saya
berjalan melalui lembahbayang-bayang kematian, saya tidak
takut kejahatan, bagi Anda adalah dengan saya;rod anda dan
kakitangan anda, mereka keselesaan saya. Anda menyediakan
meja di hadapan saya di hadapan musuh-musuh saya; Anda
mempunyai diurapi kepala sayadengan minyak; limpahan cawan
saya. Sesungguhnya kebaikan dan Pengasih akanmengikuti aku
semua hari dalam hidup saya, dan saya akan kekal di dalam
rumah TUHAN selama-lamanya. (NASB)*

1. _____

2. _____

3. _____

Apakah Perintah Paling Penting Mengajar Lain?

— Mark 12:28-31 - Salah satu daripada guru undang-undang datang dan mendengar mereka berdebat. Menyedari bahawa Isa telah memberikan mereka jawapan yang baik, beliau bertanya kepadanya, "? Semua perintah-perintah, yang paling penting" "yang paling penting," jawab Isa, "adalah ini: 'Dengarlah, hai orang Israel, Tuhan kami Allah, Tuhan adalah satu. Mencintai Tuhan, Allahmu dengan segenap hatimu dan dengan segenap jiwamu dan dengan segenap akal budimu dan dengan segenap kekuatanmu' kedua ini:' Kasihilah sesamamu manusia seperti dirimu sendiri 'Tiada perintah yang lebih besar daripada ini "..

1. _____

✋ Letakkan tangan ke atas ke arah Tuhan.

2. _____

✋ Letakkan tangan ke luar ke arah orang lain.

Di mana Adakah Cinta Datang Dari?

— 1 John 04:07, 8 - kawan sekalian, marilah kita mengasihi satu sama lain, kerana cinta itu dari Allah, dan semua orang yang mencintai telah dilahirkan Allah dan tahu Allah. Satu yang tidak suka tidak tahu Tuhan, kerana Tuhan adalah cinta. (HCSB)

_____

✋ Letakkan tangan ke atas seolah-olah anda sedang menerima kasih sayang dankemudian memberi kasih sayang kembali kepada Allah.

✋ Letakkan tangan ke atas jika anda menerima cinta, kemudian merebak tangan seolah-olah anda memberi kepada orang lain.

Apakah Ibadat Mudah?

✋ Puji

Angkat tangan di puji kepada Allah.

✋ Doa

Meletakkan tangan klasik "tangan berdoa" menimbulkan.

✋ Kajian

Meletakkan tangan tapak tangan ke atas seolah-olah anda membaca buku.

✋ Amalan

Menggerakkan tangan ke depan dan ke belakang, seolah-olah anda pemutus benih.

Kenapa Kita Mempunyai Ibadat Mudah?

– Mark 12:30 - Cinta Tuhan, Allahmu dengan segenap hatimu dan dengan segenap jiwamu dan dengan segenap akal, dan dengan segala kekuatan anda.

Kita	Perkara	Pergerakan tangan
Cintakan tuhan sepenuh hati kita.	–Memuji	✋ Letakkan tangan ke atas jantung dan kemudian mengangkat tangan di puji kepada tuhan.
Cintakan tuhan sepenuh jiwa kita.	–Berdoa	✋ Klac tangan ke bahagian sisi dan kemudian meletakkan tangan dalam gaya berdoa klasik
Cintakan tuhan sepenuh fikiran kita.	–Belajar	✋ Letakkan tangan di sebelah kanan kepala seolah-olah berfikir, dan kemudianmeletakkan tapak tangan ke atas seolah-olah anda membaca buku.
Cintakan tuhan sepenuh kekuatan kita.	–Berkongsi apa yang dibelajari.	✋ Meletakkan lengan dan otot flex, kemudian letakkan tangan keluar menyebarkan benih.a

Berapa Ramai Orang Adakah Ia Ambil Mempunyai Ibadat Mudah?

— Matius 18:20 - di mana dua atau tiga datang Geter di atas nama saya, saya dengan mereka.

Ayat memori

— John 13:34, 35 - Jadi sekarang saya memberikan anda satu perintah baru: Cinta antara satu sama lain. Sama seperti saya telah disayangi anda, anda perlu menyukaiantara satu sama lain. Cinta anda untuk satu sama lain akan membuktikan kepada dunia bahawa anda adalah peraturan saya.

AMALAN

"Orang yang tertua pasangan akan menjadi pemimpin."

BERAKHIR

Ibadat mudah

1. Apakah cerita ini memberitahu kita tentang Tuhan?
2. Apakah cerita ini memberitahu kita tentang orang?
3. Bagaimana cerita ini akan membantu saya mengikuti Yesus?

BIRI BIRI DAN HARIMAU ℘

4

Berdoa

Berdoa mendedahkan pelajar kepada Isa sebagai Satu Suci. Beliau yang menjalani hidup yang suci dan mati untuk kita di atas salib. Tuhan menyuruh kita untuk menjadi orang saleh kerana kami mengikuti Yesus. Seorang saint menyembah tuhan, hidup kehidupan yang suci, dan berdoa untuk orang lain. Berikutan contoh Yesus dalam doa, kita memuji Tuhan, bertaubat dari dosa-dosa kita, meminta Tuhan untuk perkara yang kita perlukan, dan tunduk kepada apa yang Dia meminta kita lakukan.

Tuhan menjawab doa kami di salah satu daripada empat cara: tidak (sekiranya kita bertanya dengan motif salah), perlahan-lahan (jika masa itu tidak betul), berkembang (jika kita perlu untuk membangunkan lebih matang sebelum Dia memberi jawapan), atau pergi (apabila kita berdoa mengikut perkataan dan kehendak-Nya). Pelajar menghafal nombor telefon Tuhan, 3-3-3, berdasarkan Yeremia 33:3 dan digalakkan untuk "memanggil" Tuhan setiap hari.

PUJIAN

SEMBAHYANG

1. Bagaimana kita boleh berdoa untuk orang yang hilang anda tahu diselamatkan?
2. Bagaimana kita boleh berdoa untuk kumpulan anda melatih?

BELAJAR

Permainan telefon ☙

Mengkaji

Adakah Lapan gambar Itu Bantuan kami Ikut Isa?

Darab

Apakah tiga perkara pramugara   lakukan?

Apakah perintah pertama Allah kepada manusia?

Apakah perintah terakhir Yesus kepada manusia?

Bagaimana saya boleh menjadi berbuah dan berganda?

Apakah dua laut yang terletak di Israel?

Mengapa mereka begitu berbeza?

Mana satu yang anda mahu menjadi seperti?

suka

Apakah tiga perkara seorang gembalalakukan?

Apakah arahan yang paling penting untuk mengajar orang lain?

Mana datanglah cinta dari?

Apakah Ibadat Mudah?

Mengapa kita perlu Ibadat Mudah?

Berapa ramai orang yang diperlukan untuk mempunyai Ibadat Mudah?

Apa Isa Seperti?

— *Lukas 04:33-35 - Dalam rumah ibadat yang terdapat seorang lelaki yang dimiliki olehsyaitan, roh jahat. Dia menangis di atas suaranya, "Ha! Apa yang anda mahu dengan kami, Yesus dari Nazaret? Adakah engkau datang untuk memusnahkan kita? Saya tahu siapa anda-Suci tuhan! ""Diam! "Isa berkata tegas. "Marilah daripada dia!" Kemudiansyaitan melemparkan lelaki itu sebelum mereka semua dan keluar tanpa mencederakannya.*

Letakkan tangan dalam klasik "tangan berdoa" menimbulkan

Apakah adalah Tiga Perkara Saint lakukan?

- *Matius 21:12-16 - Isa memasuki kawasan kuil dan menghalau semua yang telahmembeli dan menjual di sana. Dia terbalik jadual pengurup wang dan bangku yangmerpati menjual. "Ia ditulis," katanya kepada mereka, ""rumah-Ku akan disebut rumah doa,' tetapi anda membuat 'sarang perompak." Yang buta dan yang tempang datangkepadanya di kuil, dan ia menyembuhkan mereka. Tetapi apabila ketua imam dan guru-guru undang-undang melihat perkara-perkara yang indah dia lakukan dan kanak-kanak menjerit di kawasan kuil, "Pujilah untuk Anak Daud," mereka marah. "Adakah anda mendengar apa yang kanak-kanak ini berkata?" Mereka bertanya kepadanya. "Ya,"jawab Isa, "anda pernah membaca," 'Dari bibir kanak-kanak dan bayi yang anda telahtetapkan pujian'? "*

1. _____

2. _____

3. _____

Bagaimana Sepatutnya Kita Berdoa?

- Lukas 10:21 - Pada masa itu juga Dia bergembira besar dalam Roh Kudus, dan berkata, "Saya bersyukur kepada-Mu, Ya Bapa, Tuhan langit dan bumi, yang telah Andatersembunyi perkara-perkara ini dari dan arif dan bijaksana tetapi Engkau nyatakan kepada bayi. Ya, Bapa, cara ini juga menggembirakan di sisi anda. "(NASB)

1. _____

✋ Tangan yang dibangkitkan dalam ibadah.

- Lukas 18:10-14 - Dua lelaki pergi ke kuil untuk bersembahyang. Satu adalah Farisi dan lain pemungut cukai. Farisi yang berdiri dengan sendiri dan berdoa, "Tuhan, sayamengucapkan terima kasih kepada anda bahawa saya bukan tamak, tidak jujur, dan tidak setia dalam perkahwinan seperti orang lain. Dan saya benar-benar gembira bahawa saya tidak suka bahawa pemungut cukai di sana. Saya pergi tanpa makanuntuk dua hari seminggu, dan saya memberi anda 1/10 semua saya peroleh. "Pemungut cukai berdiri pada jarak dan tidak berfikir dia adalah cukup baik malah untuk mencariarah ke langit. Dia begitu maaf bagi apa yang telah

dilakukannya bahawa dia ditumbuk dadanya dan berdoa, "Tuhan, kasihan kepada saya! Saya bersalah." Kemudian Yesus berkata, "Apabila dua orang lelaki pulang ke rumah, ia adalah pemungut cukai dan tidak Farisi yang menggembirakan kepada Tuhan. Jika anda meletakkan diri anda di atas yang lain, anda akan meletakkan. Tetapi jika anda merendah diri diri anda, anda akan dihormati "(CEV)

2. _____

    ✋ Lengan keluar melindungi muka; kepala berpaling.

– Lukas 11:09 - Jadi saya katakan kepada kamu, terus bertanya, dan ia akan diberikan kepada anda. Menyimpan mencari, dan anda akan mendapati. Teruskan mengetuk, danpintu akan dibuka kepada anda. (HCSB)

3. _____

    ✋ Tangan berbentuk Cangkir untuk menerima.

- Lukas 22:42 - Bapa, jika Anda sanggup, mengambil cawan ini dari saya-namun, bukankehendak saya, melainkan biarlah dilakukan. (HCSB)

4. _____

    ✋ Tangan yang dilipat dalam solat dan diletakkan tinggi di atas kepala dan berjaga-melambangkan berkenaan.

Bagaimana Tuhan Jawapan kami?

— Matius 20:20-22 - Kemudian ibu James dan John, anak-anak Zebedeus dating kepada Yesus dengan anak-anaknya. Dia melutut hormat bertanya sesuatu. "Apakah permintaan anda?" Dia bertanya. Dia menjawab, "di dalam Kerajaan, sila beritahu dua anak saya duduk di tempat kehormatan di sebelah anda, salah satu hak dan yang lain di sebelah kiri anda. "Tetapi Yesus menjawab dengan mengatakan kepada mereka," Anda tidak tahu apa yang anda minta! Adakah andadapat minum dari cawan pahit penderitaan yang saya kira-kira untuk minum? "" Oh ya, "mereka menjawab," kita boleh! "(TLD)

1. _____

✋ kepala geleng isyarat "tidak."

- John 11:11-15 - Selepas dia telah berkata demikian, dia pergi untuk memberitahu mereka, "Sahabat kita Lazarus telah tertidur, tetapi saya pergi ke sana untukmembangunkan dia." Murid-murid-Nya menjawab, "Tuhan, jika dia tidur, dia akan mendapat yang lebih baik. "Isa telah bercakap kematiannya, tetapi murid-murid-Nya menyangka bahawa beliau bermakna tidur semula jadi. Demikian, maka katanya kepada mereka dengan jelas, "Lazarus mati, dan demi anda saya gembira saya tidak berada di sana, supaya kamu boleh percaya. Tetapi marilah kita pergi kepadanya. "

2. _____

✋ Tangan tolak ke bawah seperti memperlahankan kereta.

- Lukas 09:51-56 - Seperti masa yang menarik berhampiran untuk dia naik ke syurga, Yesus tegas yang dibentangkan bagi Baitulmuqaddis. Dia menghantar utusan ke hadapan untuk kampung Samaria bersedia untuk ketibaan beliau. Tetapi orang kampung tidak mahu Isa untuk tinggal di sana. Apabila James dan John melihat ini, mereka berkata kepada Yesus, "Tuhan, kita perlu memanggil turun api dari langit untuk membakar mereka? Tetapi Yesus berpaling dan menegur mereka. Jadi mereka pergi ke kampung lain. (TLD)

3. _____

🖐 Tangan menggariskan sebuah kilang yang membesar.

– John 15:07 - Tetapi jika anda kekal dalam saya, dan kata-kata saya kekal dalam anda, anda boleh meminta apa sahaja yang anda mahu, dan ia akan diberikan! (TLD)

4. _____

🖐 Ketua mengangguk-angguk, isyarat "ya" dan tangan bergerak kehadapan isyarat, "pergi".

Ayat memori

– Lukas 11:09 - Jadi saya katakan kepada kamu, terus bertanya, dan ia akan diberikan kepada anda. Menyimpan mencari, dan anda akan   mendapati. Teruskan mengetuk, dan pintu akan dibuka kepada anda. (HCSB)

AMALAN

"Orang yang lebih singkat pasangan akan menjadi pemimpin."

BERAKHIR

Nombor Telefon Tuhan ❧

— Yeremia 33:3 — Telefon saya dan saya akan menjawab, dan saya akan memberitahu andaperkara yang besar dan perkasa, yang anda tidak tahu. (NASB)

Dua Tangan-Sepuluh Jari ❧

5

Ketaatan

Taatlah kamu kepada mendedahkan pelajar kepada Isa sebagai Hamba : penjawat membantu orang; mereka mempunyai hati yang merendah diri, dan mereka taat kepadatuan mereka. Dengan cara yang sama Hazrat Isa dan diikuti Bapa-Nya, kita kiniberkhidmat dan mengikuti Yesus. Sebagai salah satu dengan pihak berkuasa semua,Dia telah memberikan kita empat perintah untuk mentaati: pergi, membuat murid-murid,membaptis, dan mengajar mereka untuk patuhi semua Dia perintahkan.Yesus jugaberjanji bahawa Dia sentiasa akan bersama kita. Apabila Isa memberi arahan, kita harus mentaati semua masa, dengan serta-merta, dan dari hati yang cinta.

Ribut dalam kehidupan datang kepada semua orang, tetapi orang yang bijak membinahidupnya mematuhi perintah Yesus; lelaki yang bodoh tidak. Akhir sekali, pelajar mula 1Akta peta 29, gambar medan tuaian mereka, yang mereka akan membentangkan pada akhir Seminar murid murid.

Pujian

Sembahyang

1. Bagaimana kita boleh berdoa untuk orang yang hilang anda tahu diselamatkan?
2. Bagaimana kita boleh berdoa untuk kumpulan anda melatih?

Belajar

Lakukan Ayam Funky! ❀

Mengkaji

Adakah Lapan gambar Itu Bantuan kami Ikut Isa?

Darab

Apakah tiga perkara pramugara lakukan?

Apakah perintah pertama tuhan kepada manusia?

Apakah perintah terakhir Yesus kepada manusia?

Bagaimana saya boleh menjadi berbuah dan berganda?

Apakah dua laut yang terletak di Israel?

Mengapa mereka begitu berbeza?

Mana satu yang anda mahu menjadi seperti?

Suka

Apakah tiga perkara seorang gembala lakukan?

Apakah arahan yang paling penting untuk mengajar orang lain?

Mana datanglah cinta dari?

Apakah Ibadat Mudah?

Mengapa kita perlu Ibadat Mudah?

Berapa ramai orang yang diperlukan untuk mempunyai Ibadat Mudah?

Berdoa

Apakah tiga perkara seorang wali lakukan?

Bagaimana kita harus berdoa?

Bagaimana Tuhan akan menjawab kami?

Apakah nombor telefon tuhan?

Apa Isa Seperti?

— Mark 10:45 - Untuk Anak Manusia datang tidak disampaikan, tetapi untuk berkhidmat kepada orang lain, dan untuk memberi kehidupan sebagai wang tebusan bagi banyak. (TLD)

🖐 Bayangkan untuk menukul.

Apakah adalah Tiga Perkara seorang hamba tidak?

— Filipi 2:05-8 - sikap anda harus sama seperti Kristus Yesus: Siapa, berada dalam sifat Allah, tidak menganggap persamaan dengan sesuatu yang Allah harus dipertahankan, tetapi dibuat sendiri apa-apa, mengambil sifat seorang hamba, yang dibuat serupa manusia. Dan didapati dalam penampilan sebagai seorang lelaki, dia merendahkan dirinya dan menjadi taat kepada kematian-kematian di atas salib!

1. _____

2. _____

3. _____

Yang Mempunyai Pihak Berkuasa Tertinggi di Dunia?

— *Matius 28:18 - Kemudian Yesus datang kepada mereka dan berkata, "Semua pihak berkuasa di langit dan di bumi telah diberikan kepada saya."*

_____

Adakah Empat Perintah Isa Adakah Memandangkan beriman Setiap?

- *Matius 28:19-20a - Karena itu pergilah, jadikanlah semua bangsa murid-Baptiskan mereka dalam nama Bapa dan Anak dan Roh Kudus, dan mengajar mereka melakukan segala sesuatu yang telah Kuperintahkan kepadamu.*

1. _____

🖐 Gerakkan jari ke hadapan "berjalan kaki."

2. _____

🖐 Gunakan empat semua gerak tangan dari Ibadat mudah: pujian, berdoa, kajian, amalan.

3. _____

🖐 Letakkan tangan anda di atas siku anda yang lain, menggerakkan siku ke atas dan ke bawah seolah-olah seseorang sedang dibaptiskan.

4. _____

🖐 Letak tangan bersama-sama sebagai jika anda membaca buku, dan kemudianbergerak "buku" dan berulang-alik dari kiri ke kanan seolah-olah anda mengajar orang.

Bagaimana Sepatutnya Kita Patuhi Isa?

1. _____

🖐 Gerakkan tangan kanan dari sebelah kiri ke kanan.

2. _____

🖐 Gerakkan tangan atas ke bawah dalam gerakan menghiris.

3. _____

🖐 bersilang tangan atas dada dan kemudian mengangkat tangan di puji kepada Allah.

Apa Adakah Yesus Janji beriman Setiap?

> *— Matthew 28:20 b - Dan sesungguhnya saya dengan anda selalu, akhir zaman.*

Ayat memori

> *— John 15:10 - Apabila kamu mentaati perintah-perintah saya, anda kekal dalam cintasaya, hanya kerana saya mentaati perintah-perintah Bapa-Ku dan kekal dalam cintanya. (TLD)*

AMALAN

"Orang yang tertinggi pasangan akan menjadi pemimpin."

BERAKHIR

Membina Pada Yayasan Sebenar ❧

> *— Matthew 07:24, 25 - Sesiapa yang mendengar dan taat kepada ajaran-ajaran ini sayaadalah seperti orang yang bijak yang membina sebuah rumah di atas batu pepejal. Hujan turun mencurah-curah, sungai menjadi banjir, dan angin mengalahkan terhadap rumah itu. Tetapi ia tidak jatuh, kerana ia dibina di atas batu pepejal. (CEV)*

— Matius 7:26-27 - Sesiapa yang mendengar ajaran saya dan tidak taat kepada merekaadalah seperti orang bodoh yang membina sebuah rumah di atas pasir. Hujan turun mencurah-curah, sungai menjadi banjir, dan angin meniup dan memukul terhadap rumahitu. Akhirnya, ia jatuh dengan kemalangan. (CEV)

Kisah 29 Peta - Bahagian 1 ⌘

6

Berjalan

Berjalan kaki mendedahkan pelajar kepada Isa sebagai Anak: kepujian anak lelaki / anak perempuan / bapanya, berhasrat perpaduan, dan mahu keluarga untuk berjaya. Bapa yang dipanggil Yesus "tercinta" dan Roh Kudus turun ke atas Isa di baptis-Nya. Isa berjaya di kementerian-Nya kerana Dia bergantung kepada kuasa Roh Kudus.

Dengan cara yang sama, kita mesti bergantung kepada kuasa Roh Kudus dalam kehidupan kami. Kami mempunyai empat arahan untuk taat mengenai Roh Kudus: berjalan kaki dengan Roh, tidak berdukacita Roh, akan dipenuhi dengan Roh, dan tidak menghilangkan Roh. Isa dengan kami hari ini dan ingin untuk membantu kami sebagaimana Dia membantu orang di jalan raya Galilea. Kita boleh menyeru kepada Yesus jika kita perlu penyembuhan daripada sesuatu yang menghalang kita daripada berikutan Nya.

PUJIAN

SEMBAHYANG

1. Bagaimana kita boleh berdoa untuk orang yang hilang anda tahu diselamatkan?
2. Bagaimana kita boleh berdoa untuk kumpulan anda melatih?

BELAJAR

Daripada Gas ⟨⟩

Mengkaji

Adakah Lapan gambar Itu Bantuan kami Ikut Isa?

Darab

Apakah tiga perkara pramugara lakukan?

Apakah perintah pertama tuhan kepada manusia?

Apakah perintah terakhir Yesus kepada manusia?

Bagaimana saya boleh menjadi berbuah dan berganda?

Apakah dua laut yang terletak di Israel?

Mengapa mereka begitu berbeza?

Mana satu yang anda mahu menjadi seperti?

Suka

Apakah tiga perkara seorang gembala lakukan?

Apakah arahan yang paling penting untuk mengajar orang lain?

Mana datanglah cinta dari?

Apakah Ibadat Mudah?

Mengapa kita perlu Ibadat Mudah?

Berapa ramai orang yang diperlukan untuk mempunyai Ibadat Mudah?

Berdoa

Apakah tiga perkara seorang wali lakukan?

Bagaimana kita harus berdoa?

Bagaimana Tuhan akan menjawab kami?

Apakah nombor telefon tuhan?

Taat

Apakah tiga perkara seorang hamba lakukan?

Siapa yang mempunyai kuasa tertinggi?

Apakah empat arahan Isa telah diberikan kepada setiap mukmin?

Bagaimana kita harus mentaati Isa?

Apa yang Isa menjanjikan kita?

Apa Isa Seperti?

— Matius 3:16-17 - Selepas Yesus dibaptis, Dia naik dengan serta-merta dari air. Langit tiba-tiba dibuka untuk-Nya, dan Dia melihat Roh Allah turun seperti burung merpati dandatang Dia. Dan datang suara dari langit: "Ini adalah Anak yang dikasihi saya. Saya mengambil kegembiraan dalam-Nya! "(HCSB)

Gerakkan tangan ke arah mulut seolah-olah anda sedang makan. Anak-anak makan banyak!

Apakah adalah Tiga Perkara seorang Anak lakukan?

– John 17:04, 18-21 - (Isa berkata …) Saya telah membawa kemuliaan kepada anda disini di bumi dengan melengkapkan kerja-kerja yang anda berikan kepada saya untuk melakukan. Sama seperti anda menghantar saya ke dunia, saya menghantar mereka ke dunia. Dan saya memberi diri saya sebagai pengorbanan suci untuk mereka supaya mereka boleh dibuat suci oleh kebenaran anda. Saya berdoa bukan hanya untuk murid-murid ini tetapi juga untuk semua yang pernah akan percaya kepada saya melalui mesej mereka. Saya berdoa bahawa mereka semua akan menjadi satu, sama seperti anda dan saya adalah satu seperti anda berada di dalam saya, Bapa, dan saya di dalam kamu. Dan mereka mungkin kepada kami agar dunia akan percaya anda menghantarsaya. (TLD)

1. _____

2. _____

3. _____

Mengapa Adakah Kementerian Isa 'yang berjaya?

– Lukas 4:14 - (selepas godaan Nya) Dan Isa kembali ke Galilea dalam kuasa Roh, danberita tentang Dia merebak melalui semua daerah sekitarnya. (NASB)

Apakah Adakah orang-orang yang beriman Janji Isa Mengenai Roh Kudus Sebelum Salib?

- John 14:16-18 - Dan saya akan minta kepada Bapa, dan dia akan memberikan andasatu lagi Kaunselor bersama anda selama-lamanya-Roh kebenaran. Dunia tidak dapatterima dia, kerana ia tidak melihat dia tidak tahu dia. Tetapi anda kenal dia, kerana dia tinggal dengan anda dan akan berada di dalam anda. Saya tidak akan meninggalkan kamu sebagai anak-anak yatim, saya akan datang kepada kamu.

1. _____

2. _____

3. _____

Apakah Adakah orang-orang yang beriman Janji Isa Mengenai Roh Kudus SelepasKebangkitan-Nya?

— Kisah Para Rasul 1:8 - Tetapi anda akan menerima kuasa apabila Roh Kudus datangpada anda. Dan anda akan menjadi saksi saya di Yerusalem, dan dalam semua Judea dan Samaria, dan hujung bumi. (TLD)

_____

Apakah Empat Perintah untuk Patuhi Tentang Roh Kudus?

— *Galatia 5:16 - Tetapi saya berkata, berjalan oleh Roh, dan anda tidak akanmenjalankan keinginan daging. (NASB)*

1. _____

🖐 "Berjalan" jari di kedua-dua belah tangan.

— *Efesus 4:30 - Dan Roh Kudus tidak bersedih hati Tuhan, yang telah dimeteraikan anda untuk hari penebusan. (HCSB)*

2. _____

🖐 Gosok mata seperti anda menangis kemudian menggelengkan kepala mengisyaratkan "tidak."

— *Efesus 5:18 - Jangan menjadi mabuk oleh anggur, kerana ia akan merosakkan hidup anda. Sebaliknya, perlu diisi dengan Roh Kudus ... (TLD)*

3. _____

🖐 Buat usul yang mengalir dengan kedua-dua tangan daripada kaki anda ke atas kepala anda.

— 1 Tesalonika 5:19 - Jangan menghilangkan Roh; (NASB)

4. _____

✋ Pegang jari telunjuk kanan seperti lilin. Bertindak seolah-olah anda sedang cuba untuk meniup. Goncang kepala anda isyarat "tidak."

Ayat memori

— John 7:38 - Sesiapa yang percaya kepada-Ku boleh datang dan minum! Untukmengisytiharkan Kitab Suci, "Sungai air hidup akan mengalir dari hatinya." (TLD)

AMALAN

"Orang yang tinggal paling jauh dari tempat pertemuan pasangan yang akan menjadi pemimpin."

BERAKHIR

Isa Di sini ☙

— Ibrani 13:08 - Yesus Kristus tidak pernah berubah! Beliau adalah semalam yang sama, hari ini, dan selama-lamanya. (CEV)

— Matius 15:30-31 - Dan ramai yang besar datang kepada-Nya, membawa bersama mereka orang-orang yang lumpuh, cacat, buta, bisu, dan lain-lain banyak, dan mereka meletakkan mereka pada kaki-Nya; dan Dia menyembuhkan mereka. Jadi orang ramaikagum kerana mereka melihat berbahasa bisu, dipulihkan lumpuh, dan berjalantempang dan buta melihat; dan mereka memuliakan tuhan Israel. (NASB)

—Yohanes 10:10 - Pencuri datang hanya untuk mencuri dan membunuh dan membinasakan; Aku datang supaya mereka mempunyai hidup, dan mempunyai penuh.

7

Pergi

Pergi memperkenalkan Isa sebagai pencari: pencari mencari tempat-tempat baru, orang hilang, dan peluang-peluang baru. Bagaimana Yesus memutuskan ke mana hendak pergi dan menteri? Dia tidak melakukan diriNya sendiri, Dia kelihatan untuk melihat di mana Tuhan telah bekerja; Beliau menyertai Tuhan, dan Dia tahu bahawa Allah mengasihi Dia dan akan menunjukkan Nya. Bagaimana kita harus membuat keputusan di mana kepada menteri?–Cara yang sama bahawa Yesus.

Di manakah Tuhan bekerja? Beliau bekerja di kalangan golongan miskin, topi-juan, sakit, dan ditindas. Satu lagi tempat Tuhan bekerja dalam keluarga kami. Dia mahu menyelamatkan seluruh keluarga kami. Pelajar mencari orang dan tempat di mana tuhan bekerja pada Akta 29 Peta.

PUJIAN

SEMBAHYANG

1. Bagaimana kita boleh berdoa untuk orang yang hilang anda tahu diselamatkan?
2. Bagaimana kita boleh berdoa untuk kumpulan anda melatih?

BELAJAR

Mengkaji

Adakah Lapan gambar Itu Bantuan kami Ikut Isa?

Askar, Pencari, pengembala, penabur, Anak, Saint, Hamba, Steward

Cinta

Apakah tiga perkara seorang gembala lakukan?
Apakah arahan yang paling penting untuk mengajar orang lain?
Mana datanglah cinta dari?
Apakah Ibadat Mudah?
Mengapa kita perlu Ibadat Mudah?
Berapa ramai orang yang diperlukan untuk mempunyai Ibadat Mudah?

Berdoa

Apakah tiga perkara seorang wali lakukan?
Bagaimana kita harus berdoa?
Bagaimana Tuhan akan menjawab kami?
Apakah nombor telefon tuhan?

Taat

Apakah tiga perkara seorang hamba lakukan?

Siapa yang mempunyai kuasa tertinggi?

Apakah empat arahan Isa telah diberikan kepada setiap mukmin?

Bagaimana kita harus mentaati Isa?

Apakah janji Yesus telah diberikan kepada setiap mukmin?

Berjalan

Apakah tiga perkara anak lakukan?

Apakah sumber kuasa dalam kementerian Isa?

Apakah yang telah orang-orang yang beriman janji Isa tentang Roh Kudus sebelumsalib?

Apakah yang telah orang-orang yang beriman janji Isa tentang Roh Kudus selepaskebangkitan-Nya?

Apakah empat arahan untuk mengikuti tentang Roh Kudus?

Apa Isa Seperti?

– Lukas 19:10 - Untuk Anak Manusia datang untuk mencari dan menyelamatkan yang hilang. (NASB)

Lihatlah ke depan dan ke belakang dengan tangan di atas mata.

Apakah Tiga Perkara Pencari lakukan ?

– Mark 1:37, 38 - Dan apabila mereka mendapati beliau, mereka bekas mendakwa:"Setiap orang adalah mencari untuk anda!" Yesus menjawab, "Marilah kita pergi ketempat lain yang berdekatan kampung-jadi saya boleh mengajar di sana juga . Itulah sebabnya saya datang. "

49

1. _____

2. _____

3. _____

Bagaimana Isa Memutuskan Di mana Menteri?

— John 05:19, 20 - Isa memberikan mereka jawapan ini: "Aku katakan ini benar, Anak boleh berbuat apa-apa dengan dirinya, dia boleh melakukan hanya apa yang dia melihat Bapa-Nya melakukan, kerana apa Bapa melakukan Anak juga tidak. Untuk Bapa mengasihi Anak dan menunjukkan kepadanya apa yang dia lakukan. Ya, untuk kekaguman anda, dia akan menunjukkan kepadanya perkara-perkara yang lebih besar daripada ini. "

1. _____

🖐 Letakkan satu tangan ke atas jantung dan menggelengkan kepala 'tidak'.

2. _____

🖐 Letakkan satu tangan ke atas mata; carian kiri dan kanan.

3. _____

🖐 Tujukan tangan ke arah tempat yang di hadapan anda dan menggelengkan kepala ya.

4. _____

✋ Angkat tangan ke atas di dalam memuji dan
kemudian melintasi mereka lebih jantung
anda.

Bagaimana Sepatutnya Kita Tentukan Jika kepada Menteri?

– *1 John 2:05, 6 - Tetapi orang-orang yang taat kepada perkataan Tuhan benar-benarmenunjukkan bagaimana sepenuhnya mereka suka dia. Itulah bagaimana kita tahu kita hidup di dalam dirinya. Mereka yang mengatakan mereka hidup dalam Tuhan harushidup mereka sebagai Isa betul-betul. (TLD)*

_____

Bagaimana Kami Boleh Tahu jika Tuhan bekerja?

– *John 6:44 - Tiada siapa yang boleh datang kepada Saya kecuali Bapa yang mengutus Aku menarik dia, dan Aku akan membangkitkan dia pada hari terakhir.*

_____

Jika Isa Kerja?

- *Lukas 04:18-19 - Roh Tuhan adalah di atas saya, kerana dia diurapi saya untukmengabarkan Injil kepada golongan miskin. Beliau telah menghantar saya untuk mengumumkan pembebasan juan topi, dan pemulihan penglihatan kepada orang buta,untuk menetapkan percuma orang-orang yang tertindas, untuk dimenangkan dan tahun yang menggalakkan Tuhan.(NASB)*

1. _____

2. _____

3. _____

4. _____

Di mana Satu lagi Letakkan bahawa Yesus bekerja?

setan merasuk manusia-Mark 5

Cornelius-Akta 10

Sipir penjara di Philippi-Akta 16

Ayat memori

— John 12:26 - Sesiapa yang ingin menjadi pengikut saya perlu mengikut saya, kerana hamba-hambaKu mestilah di mana saya. Dan Bapa akan menghormati sesiapa yang berkhidmat saya. (TLD)

AMALAN

"Orang dengan adik beradik dan pasangan adalah pemimpin."

BERAKHIR

AKTA 29 PETA - Bahagian 2 ∞

8

Saham

Saham memperkenalkan Yesus sebagai Askar: musuh askar berperang, menahankesusahan, dan menetapkan tawanan percuma. Isa adalah seorang askar; apabila kitamengikuti-Nya, kita akan menjadi tentera juga.

Dengan seberapa segera seperti yang kita menyertai Allah di mana Dia bekerja, kita akan berjumpa peperangan rohani. Bagaimana orang-orang yang berimanmengalahkan syaitan? Kami mengalahkan dia dengan kematian Yesus di atas salib,berkongsi testimoni kami, dan tidak takut mati untuk iman kita.

Testimoni berkuasa termasuk berkongsi kisah hidup saya sebelum saya bertemudengan Isa, bagaimana saya bertemu dengan Nabi Isa, dan perbezaan yang berjalandengan Yesus dalam hidup saya. Testimoni adalah lebih berkesan apabila kami menghadkan perkongsian kami kepada tiga atau empat minit, apabila kita tidakberkongsi umur penukaran kami (kerana umur tidak penting), dan apabila kita menggunakan orang-orang kafir bahasa dapat memahami dengan mudah.

Sesi berakhir dengan peraduan: yang paling cepat boleh menulis nama-nama 40 orangyang hilang yang mereka tahu. Hadiah diberikan untuk tempat pertama, kedua, dan ketiga, tetapi akhirnya semua orang yang mendapat hadiah kerana kita semua "pemenang" apabila kita tahu bagaimana untuk memberikan keterangan kami.

PUJIAN

SEMBAHYANG

1. Bagaimana kita boleh berdoa untuk orang yang hilang anda tahu diselamatkan?
2. Bagaimana kita boleh berdoa untuk kumpulan anda melatih?

BELAJAR

Mengkaji

Adakah Lapan gambar Itu Bantuan kami Ikut Isa?

Berdoa

Apakah tiga perkara seorang wali lakukan?
Bagaimana kita harus berdoa?
Bagaimana Tuhan akan menjawab kami?
Apakah nombor telefon Allah?

Taat

Apakah tiga perkara seorang hamba lakukan?
Siapa yang mempunyai kuasa tertinggi?
Apakah empat arahan Isa telah diberikan kepada setiap mukmin?
Bagaimana kita harus mentaati Isa?
Apakah janji Yesus telah diberikan kepada setiap mukmin?

Berjalan

Apakah tiga perkara anak lakukan?

Apakah sumber kuasa dalam kementerian Isa?

Apakah yang telah orang-orang yang beriman janji Isa tentang Roh Kudus sebelumsalib?

Apakah yang telah orang-orang yang beriman janji Isa tentang Roh Kudus selepaskebangkitan-Nya?

Apakah empat arahan untuk mengikuti tentang Roh Kudus?

Pergi

Apakah tiga perkara pencari lakukan?

Bagaimana Yesus membuat keputusan di mana menteri?

Bagaimana kita harus membuat keputusan di mana kepada menteri?

Bagaimana kita boleh tahu jika Tuhan bekerja?

Jika Isa bekerja?

Di manakah tempat yang lain Yesus bekerja?

Apa Isa Seperti?

— Matius 26:53 - Adakah anda tahu bahawa saya boleh minta kepada Bapa saya, dansegera dia akan menghantar saya lebih daripada dua belas tentera malaikat? (CEV)

✋ Meningkatkan pedang.

Apakah adalah Tiga Perkara seorang askar lakukan?

— Mark 01:12-15 - Hak dari Roh Allah dibuatYesus pergi ke padang belantara. Beliautinggal di sana selama empat puluh hari manakala Syaitan diuji dia. Isa adalah denganhaiwan liar, tetapi malaikat menjaga beliau. Selepas John telah

ditangkap, Yesus pergike Galilea dan memberitahu berita baik yang datang dari Tuhan. Dia berkata, "Masanya telah tiba! Kerajaan Allah tidak lama lagi akan berada di sini. Berpaling kepada Allahdan mempercayai berita yang baik! "(CEV)

1. _____

2. _____

3. _____

Bagaimana Kita Mengalahkan Syaitan?

- Wahyu 12:11 Dan mereka telah dikalahkan kepadanya oleh darah Anak Domba dan kesaksian mereka. Dan mereka tidak suka kehidupan mereka begitu banyak bahawamereka takut untuk mati. (TLD)

1. _____

🖐 Tujukankepada kedua-dua tapak tangan anda dengan bahasa pertengahan jari-tanda untuk penyaliban.

2. _____

🖐 Piala tangan di sekeliling mulut seolah-olah anda bercakap dengan seseorang.

3. _____

🖐 Tempat pergelangan tangan bersama-sama, seolah-olah dalam rangkaian.

Apakah Kuasa Testimoni?

1. _____

   👋 Tujukansebelah kiri di hadapan anda.

2. _____

   👋 Tuju ke pusat di hadapan anda.

3. _____

   👋 Belok ke kanan anda dan bergerak tangan ke
   atas dan ke bawah.

4. _____

   👋 Menuju ke kuil sebagai anda jika anda
   memikirkan soaln.

Apakah Beberapa Garis Panduan Penting Untuk Ikut?

1. _____

2. _____

3. _____

Ayat memori

> *– 1 Korintus 15:03, 4 - Untuk apa yang saya terima saya diluluskan kepada anda sebagai kepentingan pertama: bahawa Kristus mati untuk dosa-dosa kita mengikutKitab Suci, yang dia telah dikebumikan, bahawa dia telah dibangkitkan pada hari ketigamengikut kepada Kitab Suci ...*

AMALAN

"Orang yang kuat sekali akan menjadi pemimpin, orang yang dulu."

Garam dan Gula ↼

BERAKHIR

Siapa Boleh Senaraikan Empat puluh Orang Hilang Terpantas? ↼

9

Menyemai

Semai memperkenalkan Isa sebagai penabur:benih tumbuhan penabur , cenderung bidang masing-masing, dan bergembira dalam panen raya. Isa adalah penabur dan Dia tinggal di dalam kita, apabila kita mengikuti-Nya, kita akan menabur serta. Apabila kita menyemai sedikit, kita meraih sedikit. Apabila kita menyemai banyak, kita menuai banyak.

Apa yang kita perlu menyemai ke dalam kehidupan manusia? Hanya injil mudah boleh mengubah mereka dan membawa mereka kembali kepada keluarga tuhan. Setelah kita tahu bahawa Tuhan bekerja dalam kehidupan seseorang, kita berkongsi injil mudah dengan mereka. Kami tahu ia adalah kuasa tuhan untuk menyelamatkan mereka.

PUJIAN

SEMBAHYANG

1. Bagaimana kita boleh berdoa untuk orang yang hilang anda tahu diselamatkan?
2. Bagaimana kita boleh berdoa untuk kumpulan anda melatih?

BELAJAR

Mengkaji

Adakah Lapan gambar Itu Bantuan kami Ikut Isa?

Taat

Apakah tiga perkara seorang hamba lakukan?
Siapa yang mempunyai kuasa tertinggi?
Apakah empat arahan Isa telah diberikan kepada setiap orang beriman?
Bagaimana kita harus mentaati Isa?
Apakah janji Yesus telah diberikan kepada setiap orang beriman?

Berjalan

Apakah tiga perkara anak lakukan?
Apakah sumber kuasa dalam kementerian Isa?
Apakah yang telah orang-orang yang beriman janji Isa tentang Roh Kudus sebelum salib?
Apakah yang telah orang-orang yang beriman janji Isa tentang Roh Kudus selepaskebangkitan-Nya?
Apakah empat arahan untuk mengikuti tentang Roh Kudus?

Pergi

Apakah tiga perkara pencari lakukan?

Bagaimana Yesus membuat keputusan di mana menteri?

Bagaimana kita harus membuat keputusan di mana kepada menteri?

Bagaimana kita boleh tahu jika Tuhan bekerja?

Jika Isa bekerja?

Di manakah tempat yang lain Yesus bekerja?

Saham

Apakah tiga perkara seorang askar lakukan?

Bagaimana kita mengalahkan syaitan?

Apakah garis kesaksian yang kuat?

Apakah beberapa panduan penting untuk diikuti?

Apa Isa Seperti?

> — *Matius 13:36, 37 - Kemudian Dia (Isa) meninggalkan orang ramai dan masuk ke dalam rumah dan murid-murid-Nya datang kepada-Nya dan berkata, Dan Beliau berkata, "Jelaskan kepada kami perumpamaan daripada tares medan." "orang yang menuaibenih yang baik adalah Anak Manusia ..." (NASB)*

✋ Sebaran benih dengan tangan.

Apakah adalah Tiga Perkara penabur lakukan?

> — *Mark 04:26-29 - Lagi Isa berkata: kerajaan tuhan adalah seperti apa yang berlakuapabila seorang petani sebarkan benih*

dalam bidang. Petani tidur pada waktu malamdan di siang hari. Namun, benih bercambah dan berkembang, dan dia tidak memahami bagaimana. Ia adalah atas alasan bahawa membuat benih bercambah dan tumbuh menjadi tumbuhan yang menghasilkan bijirin. Kemudian apabila musim menuai datang dan bijirin adalah masak, petani itu memotong dengan sabit. (CEV)

1. _____

2. _____

3. _____

Apakah Injil Mudah?

— Lukas 24:1-7 - Pada hari pertama dalam seminggu, sangat pada awal pagi, wanita telah mengambil rempah yang mereka telah disediakan dan pergi ke kubur itu. Mereka mendapati batu yang bergolek dari kubur itu, tetapi apabila mereka masuk, mereka tidak menemui badan Tuhan Yesus. Manakala mereka tertanya-tanya tentang perkara ini, tiba-tiba dua lelaki dalam pakaian yang gleamed seperti kilat berdiri di sisi mereka. Terperanjat mereka wanita sujud dengan muka mereka ke tanah, tetapi lelaki berkata kepada mereka, "Mengapa anda melihat bagi yang hidup di kalangan orang yang mati?Dia tidak ada di sini, dia telah meningkat! Ingatlah bagaimana katanya kepada kamu, ketika beliau masih dengan anda di Galilea: 'Anak Manusia harus diserahkan ke tangan orang-orang berdosa, akan disalib dan pada hari ketiga Aku akan dibangkitkan semula'"

PERTAMA ...

1. _____

   🖐 Buat bulatan besar dengan tangan anda.

2. _____

   🖐 Kancing tangan bersama-sama.

KEDUA ...

1. _____

   🖐 Meningkatkan penumbuk dan berpura-pura
   untuk berperang.

2. _____

   🖐 tangan Kancing bersama-sama dan kemudian
   menarik mereka berjauhan.

KETIGA ...

1. _____

   🖐 Meningkatkan tangan di atas kepala dan
   membuat gerakan ke bawah.

2. _____

🖐 Letakkan jari tengah tangan setiap sawit melainkan pejalan.

3. _____

🖐 Pegang siku tangan kanan dengan tangan kiri dan menggerakkan lengan kananbelakang wad seolah-olah telah dikebumikan.

4. _____

🖐 Naikkan lengan kembali dengan tiga jari.

5. _____

🖐 Bawa tangan dengan tapak tangan menghadap keluar. Kemudian, mengangkat lengan anda dan melintasi mereka lebih jantung anda.

KEEMPAT ...

1. _____

🖐 Meningkatkan tangan untuk satu Nya kamu beriman.

2. _____

🖐 Tapak tangan keluar melindungi muka; kepala berpaling.

3. _____

🖐 tangan Piala.

4. _____

🖐 Kancing tangan bersama-sama.

Ayat memori

— *Lukas 8:15 - Tetapi benih di tanah yang baik berdiri bagi orang-orang yang dengan hati yang mulia dan baik, yang mendengar perkataan, mengekalkan ia, dan oleh hasil berkanjang tanaman* .

• Semua orang berdiri dan berkata ayat memori sepuluh kali bersama. Enam kali pertama, pelajar menggunakan Alkitab mereka atau nota pelajar. Empat kali terakhir, mereka berkata ayat dari ingatan. Pelajar hendaklah berkata rujukan ayat sebelum setiap kali mereka memetik ayat dan duduk apabila selesai.

AMALAN

BERAKHIR

Di manakah Kisah 29:21? ○೩

AKTA PETA 29 - Bahagian 3 ○೩

10

Ambil Masa

Ambil masa sesi penutup seminar. Yesus memberikan kita arahan untuk mengambil silang kami dan mengikuti-Nya setiap hari. Kisah 29 Peta adalah gambaran salib bahawa Isa telah dipanggil setiap pelajar untuk menjalankan.

Dalam sesi akhir ini, pelajar yang hadir Akta Peta 29 kepada kumpulan mereka. Setiap selepas pembentangan, kumpulan itu meletakkan tangan pada penyampai dan Kisah 29 Map, berdoa untuk berkat Tuhan dan pengurapan mengenai kementerian mereka. Kumpulan itu kemudiannya mencabar penyampai dengan mengulangi arahan, "Ambil salib anda, dan mengikuti Yesus," tiga kali. Pelajar yang hadir Akta 29 Peta seterusnya sehingga semua telah selesai. Masa latihan berakhir dengan lagu penyembahan komitmen untuk membuat murid-murid dan doa penutup oleh pemimpin kerohanian yang diiktiraf.

PUJIAN

SEMBAHYANG

Kajian

Adakah Lapan Gambar Itu Bantuan kami Ikut Isa?

Darab

Apakah tiga perkara pramugara lakukan?

Apakah perintah pertama Allah kepada manusia?

Apakah perintah terakhir Yesus kepada manusia?

Bagaimana saya boleh menjadi berbuah dan berganda?

Apakah dua laut yang terletak di Israel?

Mengapa mereka begitu berbeza?

Mana satu yang anda mahu menjadi seperti?

Cinta

Apakah tiga perkara seorang gembala lakukan?

Apakah arahan yang paling penting untuk mengajar orang lain?

Mana datanglah cinta dari?

Apakah Ibadat Mudah?

Mengapa kita perlu Ibadat Mudah?

Berapa ramai orang yang diperlukan untuk mempunyai Ibadat Mudah?

Berdoa

Apakah tiga perkara seorang wali lakukan?

Bagaimana kita harus berdoa?

Bagaimana Tuhan akan menjawab kami?

Apakah nombor telefon tuhan?

Taat

Apakah tiga perkara seorang hamba lakukan?

Siapa yang mempunyai kuasa tertinggi?

Apakah empat arahan Isa telah diberikan kepada setiap orang beriman?

Bagaimana kita harus mentaati Isa?

Apakah janji Yesus telah diberikan kepada setiap orang beriman?

Berjalan

Apakah tiga perkara anak lakukan?

Apakah sumber kuasa dalam kementerian Isa?

Apakah yang telah orang-orang yang beriman janji Isa tentang Roh Kudus sebelum salib?

Apakah yang telah orang-orang yang beriman janji Isa tentang Roh Kudus selepas kebangkitan-Nya?

Apakah empat arahan untuk mengikuti tentang Roh Kudus?

Pergi

Apakah tiga perkara pencari lakukan?

Bagaimana Yesus membuat keputusan di mana menteri?

Bagaimana kita harus membuat keputusan di mana kepada menteri?

Bagaimana kita boleh tahu di mana tuhanbekerja?

Jika Isa bekerja?

Di manakah tempat yang lain Yesus bekerja?

Saham

Apakah tiga perkara seorang askar lakukan?

Bagaimana kita mengalahkan syaitan?

Apakah garis kesaksian yang kuat?

Apakah beberapa panduan penting untuk diikuti?

menyemai

Apakah tiga perkara penabur lakukan?

Apakah Injil mudah kita berkongsi?

BELAJAR

Adakah Yesus menyuruh Pengikut-Nya melakukan perintah Setiap Hari?

– Lukas 9:23 - *Kemudian dia berkata kepada mereka: "Jika sesiapa yang akan datang selepas aku, dia mesti menafikan dirinya dan mengambil salib itu setiap hari danmengikuti aku."*

Adakah Empat Suara Itu Hubungi Kami Ambil Palang kami?

– Mark 16:15 - *Dan kemudian dia memberitahu mereka, "Pergilah ke seluruh dunia danmengajar Berita Baik kepada semua orang." (TLD)*

1. _____

✋ Point jari ke arah langit.

– Lukas 16:27-28 - *"Bapa," katanya, "Saya mohon anda untuk menghantar beliau kerumah kerana ayah saya Saya mempunyai lima adik-untuk memberi amaran kepadamereka, maka mereka tidak akan juga datang ke tempat ini azab. "(HCSB)*

2. _____

✋ Tujukan jari ke arah tanah.

— 1 Korintus 9:16 - Namun apabila saya mengabarkan Injil, saya tidak boleh berbangga,saya dipaksa untuk mengajar. Kecelakaan besar bagi saya jika saya tidakmengabarkan Injil!

3. _____

✋ Tujukan jari ke arah jantung anda.

Akta 16:09 - Pada malam itu Paul mempunyai visi: Seorang lelaki dari Macedonia di utara Greece berdiri di sana, merayu dengan dia, "Marilah ke Macedonia dan membantu kami!" (TLD)

4. _____

✋ Piala tangan ke arah kumpulan dan membuat gerakan "datang ke sini".

PEMBENTANGAN

AKTA 29 PETA 🕿

Latihan Jurulatih

Seksyen ini butiran bagaimana untuk melatih tenaga pengajar dalam cara yang diulang. Pertama, kita akan berkongsi dengan anda hasil anda semunasabahnya boleh mengharapkan setelah yang lain latihan dengan Membuat Disciples Radikal. Kemudian, kita akan menggariskan proses latihan, yang termasuk 1) ibadat, 2) doa, 3) belajar, dan 4) amalan, berdasarkan hukum yang paling penting untuk anda. Akhir sekali, kami berkongsi beberapa prinsip utama dalam latihan pelatih kami telah menemui manakala beribu-ribu latihan tenaga pengajar.

HASIL

Setelah menamatkan Membuat Disciples Radikal, pelajar akan dapat:

- Didik sepuluh discipleship pelajaran asas yang berdasarkan pada Kristus kepada orang lain, menggunakan proses latihan yang diulang.
- Recall 8 gambar yang jelas menggambarkan seorang pengikut Yesus.
- Lead yang mudah, kumpulan kecil ibadah pengalaman yang berdasarkan hukum yang paling penting.
- Kongsi bukti yang kuat dan pembentangan Injil dengan penuh keyakinan.

- Hadir wawasan yang konkrit untuk mencapai orang-orang yang beriman hilang dan latihan menggunakan Akta 29 Peta.
- Mula kumpulan pengikut (sesetengah yang akan menjadi gereja) dan lain-lain kereta api untuk melakukan perkara yang sama.

PROSES

Setiap sesi berikut format yang sama. Yang disenaraikan di bawah perintah dan jadual anggaran:

PUJIAN

- 10 minit
- Tanya seseorang untuk membuka sesi, berdoa untuk berkat dan arahan Allah untuk semua orang dalam kumpulan. Mendapatkan seseorang dalam kumpulan untuk menjalani choruses beberapa atau pujian (bergantung kepada konteks anda); instrumen adalah pilihan.

SEMBAHYANG

- 10 minit
- Bahagikan pelajar kepada pasangan dengan seseorang yang mereka telah tidak menjadi rakan kongsi dengan sebelum. Rakan-rakan berkongsi dengan satu sama lain jawapan kepada dua soalan:

  1. Bagaimana kita boleh berdoa untuk orang yang hilang anda tahu diselamatkan?

2. Bagaimana kita boleh berdoa untuk kumpulan anda melatih?

- Jika seorang pelajar tidak memulakan satu kumpulan, rakan kongsi mereka perlu bekerjasama dengan mereka untuk membangunkan satu senarai kawan-kawan dan keluarga mungkin kereta api, kemudian berdoa dengan pelajar bagi orang-orang di dalam senarai mereka.

BELAJAR

Latihan Isa Follow sistem menggunakan proses berikut: Segala puji, solat, Kajian dan Amalan. Proses ini adalah berdasarkan kepada model Ibadat Mudah yang dijelaskan bermula pada halaman 33. Bagi sepuluh pelajaran di manual FJT, sesi 'Kajian' diterangkan di bawah.

- 30 minit
- Setiap seksyen "Kajian" bermula dengan "Tinjauan." Ia adalah satu kajian lapan gambar Kristus dan pengajaran yang menguasai setakat ini. Pada akhir latihan, pelajar akan dapat membaca keseluruhan latihan oleh ingatan.
- Selepas "Review," pelatih atau perantis keretapi pelajar dengan pelajaran semasa, menekankan bahawa pelajar harus mendengar rapat kerana mereka akan melatih satu sama lain selepas itu.
- Apabila jurulatih yang hadir pelajaran, mereka sepatutnya menggunakan urutan berikut:

    1. Tanya soalan.
    2. Baca Kitab.
    3. Menggalakkan pelajar untuk menjawab soalan.

Proses ini meletakkan perkataan Allah sebagai pihak berkuasa untuk hidup dan bukan guru. Terlalu kerap, guru bertanya soalan, memberi jawapan, dan kemudian menyokong jawapan mereka dengan Kitab Suci. Bahawa jujukan meletakkan guru sebagai pihak berkuasa, dan bukannya perkataan Allah.

- Jika pelajar menjawab soalan yang salah, tidak membetulkan mereka, tetapi meminta peserta untuk membaca petikan Kitab kuat dan menjawab lagi.
- Setiap pelajaran berakhir dengan ayat ingatan. Tenaga pengajar dan pelajar berdiri bersama-sama dan membaca ayat memori sepuluh kali; mengatakan alamat ayat pertama, diikuti oleh ayat. Pelajar boleh menggunakan Alkitab mereka atau panduan pelajar enam kali pertama mereka berkata ayat memori. Empat kali terakhir, bagaimanapun, kumpulan membaca ayat memori dari hati. Seluruh kumpulan membaca ayat sepuluh kali dan kemudian duduk.

AMALAN

- 30 minit
- Sebelum ini, pelatih dibahagikan pelajar untuk segmen 'solat ". Rakan sembahyang mereka juga rakan kongsi amalan mereka.
- Setiap pelajaran mempunyai kaedah memilih yang "pemimpin" pasangan. Pemimpin itu ialah orang yang akan mengajar 1. Jurulatih mengumumkan kaedah memilih pemimpin pasangan kepada kumpulan.
- Imitating jurulatih, pemimpin melatih pasangan mereka. Tempoh latihan perlu meliputi kajian dan pelajaran baru, dan berakhir dengan ayat memori. Pelajar berpeluang untuk membaca "Ayat Memori" dan duduk apabila ia selesai, jadi jurulatih dapat melihat pelajar yang telah selesai.

- Apabila orang yang pertama dalam kemasan pasangan, orang yang kedua mengulangi proses tersebut, supaya mereka dapat mengamalkan latihan serta. Memastikan bahawa pasangan itu tidak melangkau atau mengambil jalan pintas dalam proses.
- Berjalan mengelilingi bilik sementara mereka mengamalkan untuk memastikan mereka mengikuti dengan tepat. Kegagalan untuk melakukan pergerakan tangan adalah giveaway mati bahawa mereka tidak meniru anda. Menekankan berkali-kali bahawa mereka harus meniru gaya anda.
- Mempunyai mereka mencari rakan kongsi yang baru dan bergilir-gilir mengamalkan lagi.

BERAKHIR

- 20 minit
- Kebanyakan sesi akhir dengan aktiviti pembelajaran aplikasi praktikal. Memberi pelajar banyak masa untuk bekerja pada Akta 29 Peta dan menggalakkan mereka untuk berjalan-jalan dan mendapatkan idea daripada orang lain kerana mereka bekerja.
- Buat apa-apa pengumuman yang perlu, dan kemudian minta seseorang untuk berdoa satu rahmat pada sesi. Minta seseorang yang tidak berdoa sebelum berdoa menjelang akhir latihan, semua orang sepatutnya ditutup di dalam solat sekurang-kurangnya sekali.

Ibadat mudah

Ibadat mudah adalah komponen kritikal Follow Isa Latihan-salah satu kemahiran yang penting untuk membuat murid-murid. Berdasarkan Hukum Terbesar, Ibadat Mudah mengajar orang bagaimana untuk patuh kepada arahan untuk mengasihi Tuhan dengan segenap hati mereka, semua jiwa mereka, semua fikiran mereka, dan semua kekuatan mereka.

Kita mengasihi Tuhan dengan semua hati kita, jadi kita memuji-Nya. Kami mengasihi Tuhan dengan semua jiwa kita, jadi kita berdoa kepada-Nya. Kita mengasihi Tuhan dengan minda kita, jadi kita mengkaji Alkitab. Akhirnya, kita mengasihi Tuhan dengan segala kekuatan kita, jadi kita mengamalkan apa yang kita telah belajar untuk berkongsi dengan orang lain.

Tuhan telah diberkati kumpulan kecil di seluruh Asia Tenggara yang telah menemui mereka boleh mempunyai Ibadat Mudah di mana-mana rumah, restoran, di taman, di Sekolah Minggu, walaupun di Pagoda!

PROSES

- Bahagikan kepada kumpulan empat orang.
- Setiap orang mengambil bahagian yang berlainan Ibadat Mudah.
- Setiap kali anda mengamalkan Ibadat Mudah, pelajar memutarkan sebahagian daripada Ibadat Mudah mereka memimpin, demikian oleh akhir masa latihan yang telah

mereka lakukan setiap bahagian sekurang-kurangnya dua kali.

Pujian

- Satu orang mengetuai kumpulan dalam menyanyi dua choruses atau pujian (bergantung kepada konteks anda).
- Instrumen tidak diperlukan.
- Dalam sesi latihan, meminta pelajar untuk meletakkan kerusi mereka seolah-olah mereka sedang duduk di meja kafe bersama-sama.
- Setiap kumpulan akan menyanyikan lagu-lagu yang berbeza dan itu adalah baik.
- Jelaskan kepada kumpulan itu bahawa ini adalah masa untuk memuji Tuhan dengan segenap hatimu sebagai satu kumpulan, tidak melihat kumpulan mana yang boleh menyanyi kuat sekali.

orang lain. Mengamalkan pengajaran termasuk sama ada mendengar orang lain mengamalkan pelajaran atau mengamalkannya sendiri. Untuk sebab itu, kita dinasihatkan untuk melakukan amalan masa dua kali. Pelajar hendaklah mengamalkan sekali dengan pasangan sembahyang mereka dan kemudian beralih kepada rakan kongsi lain dan melakukan pelajaran sekali lagi.

- Kurang Apakah yang lebih baik daripada Lebih-pelajar yang berpendidikan jauh melebihi tahap ketaatan mereka. Satu kesilapan lazim di kalangan tenaga pengajar memberi pelajar mereka lebih banyak maklumat daripada apa yang mereka dapat mematuhi. Pendedahan jangka panjang kepada jenis ini latihan meninggalkan pelajar penuh ilmu dengan aplikasi praktikal sedikit. Kami sentiasa cuba memberi pelajar "backpack" maklumat bahawa mereka boleh menjalankan dengan mereka dan memohon, bukan "krat."

- Pelajar Berbeza Belajar berbeza-Orang pendekatan pembelajaran daripada tiga gaya yang berbeza: auditori, visual, dan kinestetik. Bagi latihan sangat diulang, ia mesti melibatkan ketiga-tiga gaya pembelajaran dalam setiap pelajaran. Walau bagaimanapun, latihan yang bergantung kepada satu atau dua gaya yang paling. Matlamat kami adalah untuk melihat transformasi seluruh kumpulan seluruh orang. Sistem latihan kami, hasilnya, menggabungkan ketiga-tiga gaya pembelajaran untuk tidak termasuk tidak ada seorang pun.

- Proses dan Kandungan Penting-penyelidik telah mendapati banyak kemajuan dalam pendidikan orang dewasa yang memberi kuasa kepada kita untuk mengajar orang dalam satu transformasi, bukannya maklumat, cara. Sebagai contoh, kita tahu bahawa "format syarahan" sering digunakan bukan kaedah yang baik untuk majoriti pelajar. Malangnya, latihan yang dilakukan di luar negara masih mengikut pola ini. Kami menumpukan pada kebolehulangan dalam menilai Latihan sistem Follow Isa pengajaran kami kepada keupayaan generasi akan datang tentang pelajar untuk mengeluarkan semula mereka.

- Review, Mengkaji, Menyemak Satu lagi istilah yang sering digunakan untuk menghafal "mempelajari sesuatu dengan hati." Sistem latihan kami semua tentang melihat hati manusia berubah. Hasilnya, salah satu dari tujuan kami adalah untuk setiap pelajar untuk membaca keseluruhan kursus latihan dari ingatan. Seksyen "Review" pada permulaan setiap masa pembelajaran membantu pelajar untuk melakukan ini. Sila jangan skip kajian. Dalam pengalaman kami, penanam padi yang lebih berpendidikan peringkat ketiga-gred di Asia Tenggara boleh mengulangi keseluruhan kandungan Membuat Disciples Radikal menggunakan gerakan tangan.

- Membina Pelajaran Apabila kita melatih yang lain, kita "membina" pengajaran untuk membantu dalam ingatan dan keyakinan untuk pelajar. Sebagai contoh, kami meminta soalan pertama, baca kitab, memberi jawapan, dan menunjukkan pergerakan tangan. Kemudian, kita membaca soalan kedua dan mengikuti proses yang sama. Sebelum kita meneruskan dengan soalan ketiga, bagaimanapun, kita mengkaji soalan, jawapan, dan gerakan tangan untuk soalan satu dan dua. Kemudian, kita teruskan untuk mempersoalkan tiga. Kami mengikuti corak yang sama berulang-ulang di sepanjang pengajaran, "membina" pengajaran dengan setiap soalan baru. Ini membantu pelajar untuk memahami pelajaran keseluruhannya dalam konteks dan ingat lebih baik.

- Akan Orang Contoh-apa yang mereka lihat model untuk mereka. Latihan adalah mengenai hidup bahan diri sendiri dan tidak hanya mengajar maklumat kepada orang lain. Cerita baru tentang bagaimana Tuhan bekerja dalam kehidupan kita memberi inspirasi kepada orang-orang kita melatih. Latihan bukan pekerjaan; ia adalah gaya hidup. Pergerakan gereja-penanaman muncul dalam perkadaran langsung kepada bilangan orang-orang yang beriman dalam kumpulan orang yang telah mengamalkan sikap ini.

IBADAT MUDAH

- Ibadat mudah adalah komponen kritikal Follow Isa Latihan-salah satu kemahiran yang penting untuk membuat murid-murid. Berdasarkan Hukum Terbesar, Ibadat Mudah mengajar orang bagaimana untuk patuh kepada arahan untuk mengasihi Tuhan dengan segenap hati mereka, semua jiwa mereka, semua fikiran mereka, dan semua kekuatan mereka.

- Kita mengasihi Tuhan dengan semua hati kita, jadi kita memuji-Nya. Kami mengasihi Tuhan dengan semua jiwa kita, jadi kita berdoa kepada-Nya. Kita mengasihi Tuhan dengan minda kita, jadi kita mengkaji Alkitab. Akhirnya, kita mengasihi Tuhan dengan segala kekuatan kita, jadi kita mengamalkan apa yang kita telah belajar untuk berkongsi dengan orang lain.

- Tuhan telah diberkati kumpulan kecil di seluruh Asia Tenggara yang telah menemui mereka boleh mempunyai Ibadat Mudah di mana-mana rumah, restoran, di taman, di Sekolah Minggu, walaupun di Pagoda!

JADUAL

- Sekumpulan empat biasanya akan mengambil masa kira-kira 20 minit untuk selesai masa Ibadat Mudah.
- Dalam suasana seminar, kami mempunyai Ibadat mudah pada awal hari dan / atau selepas makan tengah hari.
- ini kali pertama anda melakukan Ibadat Mudah, model bagi kumpulan itu, mengambil masa untuk menerangkan bagaimana untuk melakukan setiap bahagian.
- Selepas anda memodelkan bagaimana untuk melakukan Ibadat Mudah, tanya setiap orang dalam latihan untuk memilih rakan kongsi. Biasanya, pelajar memilih rakan. Apabila semua orang telah menemui pasangan mereka, meminta setiap pasangan untuk menyertai dengan sepasang lagi memberi empat orang satu kumpulan.
- Tanya kumpulan datang dengan mereka sendiri "nama," memberikan mereka beberapa minit untuk berbuat demikian; kemudian pergi di sekitar bilik dan meminta setiap kumpulan apa nama mereka. Cuba untuk merujuk kepada kumpulan dengan nama ini sepanjang latihan lain.
- Dalam format mingguan, kita suka untuk mengajar orang Ibadat Mudah 1. Kita semula dan mengamalkan semasa dua sesi-sesi berikutnya.

Proses

- Bahagikan kepada kumpulan empat orang.
- Setiap orang mengambil bahagian yang berlainan Ibadat Mudah.
- Setiap kali anda mengamalkan Ibadat Mudah, pelajar memutarkan sebahagian daripada Ibadat Mudah mereka memimpin, demikian oleh akhir masa latihan yang telah mereka lakukan setiap bahagian sekurang-kurangnya dua kali.

Pujian

- Satu orang mengetuai kumpulan dalam menyanyi dua choruses atau pujian (bergantung kepada konteks anda).
- Instrumen tidak diperlukan.
- Dalam sesi latihan, meminta pelajar untuk meletakkan kerusi mereka seolah-olah mereka sedang duduk di meja kafe bersama-sama.
- Setiap kumpulan akan menyanyikan lagu-lagu yang berbeza dan itu adalah baik.
- Jelaskan kepada kumpulan itu bahawa ini adalah masa untuk memuji Tuhan dengan segenap hatimu sebagai satu kumpulan, tidak melihat kumpulan mana yang boleh menyanyi kuat sekali.

Doa

- orang lain (berbeza dari satu yang mengetuai di dalam memuji) mengetuai masa kumpulan doa.
- pemimpin doa meminta setiap ahli kumpulan untuk permintaan sembahyang dan menulis ke bawah.
- pemimpin solat melakukan untuk berdoa bagi barang-barang ini sehingga kumpulan bertemu sekali lagi.

- Selepas setiap orang telah berkongsi permintaan doa mereka, berdoa pemimpin sembahyang bagi kumpulan itu.

Mengkaji

- orang lain dalam kumpulan empat mengetuai masa kumpulan belajar.
- Ketua Kajian memberitahu cerita dari Alkitab dalam perkataan mereka sendiri, kami mencadangkan cerita-cerita dari Injil, sekurang-kurangnya pada mulanya.
- Bergantung kepada kumpulan, anda boleh meminta pemimpin kajian terlebih dahulu membaca cerita Alkitab dan kemudian memberitahu dalam perkataan mereka sendiri.
- Selepas pemimpin kajian menceritakan kisah Alkitab, mereka meminta kumpulan tiga soalan:

  1. Apa yang cerita ini mengajar kita tentang Tuhan?
  2. Apa yang cerita ini mengajar kita tentang orang?
  3. Apa yang saya belajar di dalam cerita ini yang akan membantu saya mengikuti Yesus?

- kumpulan membincangkan setiap soalan bersama-sama, sehingga pemimpin kajian merasakan perbincangan semakin berkurang, maka pemimpin yang bergerak ke soalan seterusnya.

Amalan

- orang lain dalam kumpulan empat mengetuai masa kumpulan amalan.
- Pemimpin amalan membantu kumpulan itu mengkaji pelajaran sekali lagi dan akan memastikan semua orang

memahami pelajaran dan boleh mengajar kepada orang lain.

* pemimpin amalan memberitahu cerita yang sama Alkitab bahawa pemimpin kajian memberitahu.
* pemimpin amalan bertanya soalan yang sama bahawa pemimpin kajian ditanya dan kumpulan membincangkan setiap soalan lagi.

Berakhir

* kumpulan Ibadat Mudah berakhir masa ibadat dengan menyanyikan lagu pujian yang lain, atau berkata sembahyang Tuhan bersama-sama.

PRINSIP UTAMA KEPADA INGAT

* Kumpulan empat kerja terbaik dalam Ibadat Mudah. Jika anda perlu membuat kumpulan lima, hanya mewujudkan satu. Dua kumpulan tiga orang adalah lebih baik daripada satu kumpulan enam.
* Satu kunci kepada kebolehulangan dalam Ibadat Mudah adalah setiap orang yang mengambil pula mengamalkan salah satu daripada empat bahagian: pujian, solat, belajar, atau amalan. Kumpulan empat memberi sokongan kepada orang yang mempelajari kemahiran baru dan tidak mengancam sebagai kumpulan yang lebih besar.
* Menggalakkan kumpulan untuk menyembah dalam bahasa hati mereka. Jika ada ada penyanyi dalam kumpulan (yang tidak berlaku), membantu kumpulan ini dengan mencadangkan mereka membaca Mazmur kuat bersama-sama.
* Buat tertentu anda membenarkan masa yang cukup bagi orang amalan untuk mengambil kumpulan melalui

sesi latihan. Akauntabiliti dalam masa amalan membawa pembiakan kumpulan Ibadat Simple. Tanpa seksyen amalan, masa bertukar menjadi hanya satu lagi kumpulan belajar Alkitab. Bahawa apa yang anda benar-benar mahu?

• Seperti yang anda mungkin sudah perhatikan, format Ibadat Mudah adalah proses yang sama yang digunakan dalam sepuluh sesi FJT: Segala puji, solat, Kajian dan Amalan. Perbezaan utama adalah kandungan seksyen "Kajian". Pada akhir FJT, pelajar akan telah diamalkan format Ibadat Mudah banyak kali. Doa kami adalah bahawa mereka akan membawa satu kumpulan dan lain-lain kereta api mempunyai Ibadat Mudah bersama-sama.

Kajian yang lebih lanjut

Berunding dengan sumber-sumber berikut untuk perbincangan yang lebih mendalam topik yang dibentangkan. Di kawasan-kawasan baru kerja misi, ini juga merupakan satu senarai buku pertama untuk menterjemahkan selepas Alkitab.

Billheimer, Paul (1975). Ditakdirkan untuk Arasy. Kesusasteraan Perang Salib Kristian.

Blackaby, Henry T. dan Raja, Claude V (1990). Mengalami Tuhan: Mengetahui danMelakukan semua kehendak tuhan. Lifeway Press.

Cerah, Rang Undang-Undang (1971). Bagaimana untuk Diisi dengan Roh Kudus.Perang Salib kampus untuk Kristus.

Carlton, R. Bruce (2003). Akta 29: Latihan Praktikal di Memudahkan-PergerakanPenanaman Gereja di kalangan Bidang Tuai Terabai. Kairos Press.

Chen, John. Latihan Untuk Jurulatih (T4T). Tidak diterbitkan, tiada tarikh.

Graham, Billy (1978). Roh Kudus: Mengaktifkan Kuasa Tuhan dalam kehidupan anda.Kumpulan Penerbitan W.

Hodges, Herb (2001). TallyHo Fox! Yayasan untuk Membina Dunia Berwawasan, Duniamemberi kesan, Semula pengikut-pengikutnya. Kementerian Kehidupan rohani.

Hybels, Rang Undang-undang (1988). Terlalu Sibuk Tidak Berdoa. Intervarsity Press.

Murray, Andrew (2007). Dengan Kristus di Sekolah sembahyang. Diggory Press.

Ogden, Greg (2003). Transformasi MURID: Membuat murid pada Beberapa Masa. InterVarsity Press.

Pembungkus, J. I (1993). Mengenali tuhan. Intervarsity Press.

Patterson, George dan Scoggins,

Richard (1994). Panduan gereja Pendaraban. WilliamCarey Library.

Piper, John (2006). Apa yang Yesus menuntut dari Dunia. Crossway Book.

www.ingramcontent.com/pod-product-compliance
Lightning Source LLC
Chambersburg PA
CBHW070545030426
42337CB00016B/2359